T0001888

La Viuda y sus Hijos

Nora Aviles

WESTBOW
P R E S S®
A DIVISION OF THOMAS NELSON
& ZONDERVAN

Derechos reservados © 2020 Nora Aviles.

Todos los derechos reservados. Ninguna parte de este libro puede ser reproducida por cualquier medio, gráfico, electrónico o mecánico, incluyendo fotocopias, grabación o por cualquier sistema de almacenamiento y recuperación de información sin el permiso por escrito del editor excepto en el caso de citas breves en artículos y reseñas críticas.

Puede hacer pedidos de libros de WestBow Press en librerías o poniéndose en contacto con:

WestBow Press
A Division of Thomas Nelson & Zondervan
1663 Liberty Drive
Bloomington, IN 47403
www.westbowpress.com
844-714-3454

Debido a la naturaleza dinámica de Internet, cualquier dirección web o enlace contenido en este libro puede haber cambiado desde su publicación y puede que ya no sea válido. Las opiniones expresadas en esta obra son exclusivamente del autor y no reflejan necesariamente las opiniones del editor quien, por este medio, renuncia a cualquier responsabilidad sobre ellas.

Las personas que aparecen en las imágenes de archivo proporcionadas por Getty Images son modelos. Este tipo de imágenes se utilizan únicamente con fines ilustrativos. Ciertas imágenes de archivo © Getty Images.

El texto Bíblico ha sido tomado de la versión Reina-Valera © 1960 Sociedades Bíblicas en América Latina; © renovado 1988 Sociedades Bíblicas Unidas. Utilizado con permiso. Reina-Valera 1960™ es una marca registrada de la American Bible Society, y puede ser usada solamente bajo licencia.

ISBN: 978-1-9736-8404-6 (tapa blanda)
ISBN: 978-1-9736-8403-9 (libro electrónico)

Número de Control de la Biblioteca del Congreso: 2020901579

Información sobre impresión disponible en la última página.

Fecha de revisión de WestBow Press: 10/26/2020

Dedicación

EN MUCHAS OCASIONES NUESTRAS VIDAS ESTÁN expuestas, por experiencias que nos sirven; para entender los sentimientos de quienes nos rodean. Son muchos los que con sonrisas simuladas; nos rodean presentándose, con un control aparente, que están lejos de poseer.

Con el fin de simular el dolor que sienten por dentro, y tratando de ignorar el peso que agobia su alma, sonríen y juegan con las cargas del día. Tratando de hacer efímero, ese dolor.

Escribo en memoria de todos aquellos que, personalmente o tal vez, con un lenguaje corporal silenciado, me mostraron ese dolor y cansancio. Para refrescar tu memoria y recordarte; que El que está por ti; es mayor que quien te ha abandonado.

Prefacio

ES SORPRENDENTE SER CONFRONTADO CON UN llamado del cual no sabemos nada, ni entendemos. En mi caso; Este asombro estuvo acompañado de dudas y una multitud de preguntas, para las cuales no pude encontrar respuestas. Quizás debido a una sensación de insuficiencia reconocida, o pura ignorancia del proceso, mis temores produjeron una peregrinación lenta pero constante a una sensación de logro agradecido.

Es solo la autodisciplina; lo que produce en el ser humano, un cierto logro. Pero cuando ese logro determinado, se produce por la dirección única del Espíritu Santo, solo tenemos la aceptación de darle la gloria a Él; quien solo y exclusivamente lo merece. Al Señor de Señores, y Rey de Reyes, Jehová de los Ejércitos. Y de esta manera reconocer la bendición obtenida, de haber servido como instrumentos en sus manos.

Gracias

CUANDO ESTAMOS SORPRENDIDOS POR EL llamado a hacer algo que nunca hemos hecho antes por lo general, recurrimos a tratar de obtener toda la ayuda que pueda existir. Sin embargo, no es hasta que vemos el producto final que nos damos cuenta de que todas las cosas funcionaron en armonía para poder lograrlo. Usualmente no lo percibimos, en el momento pero; Al compilar las etapas del proceso, comprendemos quién, y cuándo nos brindaron la ayuda que tanto necesitábamos.

Ese ha sido el trabajo preciso de mi familia; de mis padres, mi esposo y mis hijos. Me faltarían palabras para poder agradecerte por todas las veces que, de manera directa o indirecta, me enseñaron, me empujaron y me ayudaron a lograr lo que se me había encomendado. Y en detalle mil veces gracias, a mis hijos Suhaely, Joshua y Will, me inspiraste y me mostraste un tipo especial de amor. Agradecida de que Dios permitió que me llamaran su madre. Gracias por quedarse conmigo, en las buenas y en las malas. Que Dios les pague en toda forma de bendiciones.

También tendría que agradecer a mis amigas, Ivette Calle, Angela Glover, Aida Burgos, y Sarah Sein. Damas alguna vez fue un llamado y otras un mensaje de texto, pero siempre apreciaré cómo Dios las usó; incluso cuando no lo sabían. La increíble iglesia de la que formo parte y la ayuda incondicional de mis pastores Joshua y Alexandra Algarín, sus oraciones hicieron y marcaron, la diferencia. Que Dios les pague.

Introducción

MUCHAS VECES EN LA VIDA NOS ENCONTRAMOS con muchas preguntas para las cuales no encontramos respuestas respuesta definida. Observamos y vemos tantas cosas que están mal y conllevan injusticia, y nuestro corazón se llena de desánimo. Vemos eso en todas las áreas de la vida; las luchas son una gran parte de ello. Y surge la pregunta universal; ¿Por qué tiene que suceder esto? ¿Por qué? Desde mninas crecemos rodeados de cuidados que abastecen nuestras necesidades comunes dificultades con los problemas y las luchas debido al hecho de que, por lo general, nos educan pero tienden a abastecernos de nuestras necesidades comunes. Esto en muchas ocasiones crea en nosotras un dependencia de cuidados; que aunque está en armonía con el mandato de Dios, muchas veces inutiliza nuestro desarrollo como seres independientes.

Pero que sucede en el corazón de una mujer que al casarse, espera en union a su esposo crece en amor union y servicio; pero solo encuentra la tarea de servir y también ser abastecida; y por el contrario solo encuentra la tarea de servir? O lo que sucede en la mente de una mujer que

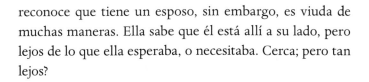

reconoce que tiene un esposo, sin embargo, es viuda de muchas maneras. Ella sabe que él está allí a su lado, pero lejos de lo que ella esperaba, o necesitaba. Cerca; pero tan lejos?

Es ahí; cuando muchas preguntas nos invaden y nos preguntamos, ¿cometí un error? ¿Por qué sucede esto y por qué tengo que pasar por esto? He descubierto que el proceso de estas preguntas desafiantes; suele ser, lo que Dios usa, para moldearnos en un recipiente para su gloria. Si observamos atentamente la Palabra de Dios, descubriremos que todos los que han conquistado la voluntad de Dios para sus vidas, por lo general, se enfrentan a la lucha, la resistencia y una gran necesidad de valor. Así que no te preocupes por las luchas que estás enfrentando. Puedo asegurarte, que tiene un gran propósito; acercándote a Dios, y permitiéndote ver su gloria.

La viuda y sus hijos

ENTRE LAS PORTADAS DE LA BIBLIA ENCONTRAMOS historias de mujeres valientes, que se esforzaron por identificar la obra que Dios les confió. Desde el Génesis hasta el Apocalipsis encontramos la diversidad de llamados y funciones, programadas por Dios. Notamos que a pesar de cualquier oposición que enfrentaran; Su tenacidad las llevó a una experiencia personal con Dios. Con este llamado depositó confianza en ellas; sabiendo que se completaría. Algunas recibieron ayuda de quienes les rodeaban, otras no. Pero todas recibieron la gracia y la fuerza que proviene de Dios.

Una de las áreas más importantes para cada ser humano; es sentirse identificado con la persona que Dios le creó para ser. Hay muchas áreas de nuestra vida que poco a poco pierden su identidad, y nos desviamos del propósito para el que fuimos creados. Con especialidad el llamado de la mujer; corre alto riesgo de ser sucumbido, con los roles diarios que tiene que cumplir, y muchas veces ese llamado puede ser fácilmente enterrado como una tarea por hacer durante algún día. Día que realmente; nunca llega.

Después de que Adán fue creado, notamos que en el capítulo 2 versículos 23 de Génesis, Adán le da el nombre mujer a aquello que Dios había creado de sus huesos. Sin embargo, después de que ella se desvió de esa identidad; y del llamado que Dios le había confiado, en el capítulo 3, versículo 20, se le da un nuevo nombre y una nueva identidad, bajo el nombre de Eva, madre de todos los seres vivos. Esta historia es una de las más disputadas en toda la Biblia. La primera mujer mencionada en la Biblia; carga con una de las historias más controversiales estudiadas. Desde los eruditos, a los exégetas, se disputan el logro, si alguno; por Eva.

En total, notamos una amplia implicación de culpa, involucrada, en un posible error de quien ejecutó el plan. Las acusaciones incluyen no solo a Dios; pero también a Adán. Creo que una de las acusaciones más duras que he escuchado; mencionó a Eva como un error desde el principio hasta el final. No solo hizo que Adán cayera de la gracia de Dios; pero ella también nos dio el primer homicidio de la historia humana; Escuché otro decir.

De la misma manera, notamos que no hay mucha más información al respecto. Por esta razón, para aquellos que tienden a creer, que tienen derecho a juzgar, lo enumeran, como uno de los primeros fracasos de la raza humana. Sin embargo, en el capítulo 3 versículo 13 del Génesis, notamos que Dios le pregunta a Eva; "¿Qué has hecho?" Su respuesta es clara y definitiva. "La orden que me diste no la cumplí; porque la serpiente me engañó y comí". (Parafraseado)

Del mismo modo, tendríamos que calcular que, a pesar de todo su supuesto fracaso, la serpiente no aparece en la escena hasta que se crea a Eva. No sabemos cuánto tiempo estuvo Adán solo, con las mismas instrucciones específicas que Dios le había dado; pero notamos que Eva es creada; y se nombra un nuevo personaje en la escena, la serpiente. La apariencia de ello; nos trae la claridad, de entender que, para completar el llamado en tu vida; siempre habrá una batalla que nosotros tendremos que pelear.

La respuesta a la pregunta que Dios le hace, muestra que ella estudió el plan, revisó las fallas ejecutadas, asumió la responsabilidad y declaró su error. Este es el proceso de restauración preciso. Dios no trabaja con alguien que no reconoce sus errores. Ella no acusó a nadie, simplemente dijo; Hice exactamente lo que me dijiste que no hiciera. Se puede notar que pocas personas tienen ese tipo de sinceridad y claridad.

Después de la caída también notamos en Génesis 3 versículo 15 que Dios mismo le da a Eva una nueva tarea. Eso fue ser el vehículo para que la raza humana pudiera extenderse, ya que a través de él, vendría Él, que heriría la cabeza de la serpiente; Jesucristo. La creación de Eva produjo un movimiento en el Jardín del Edén; independientemente de que Adán fue creado primero. Entonces debemos preguntarnos, ¿cuál fue la razón por la cual la serpiente se enfocó en Eva y no en Adán? ¿Qué representaba Eva, que la serpiente se enfocó en detenerla y por qué?

Como mencionamos antes, si evaluamos la escena hasta aquí, muchos probablemente determinarían que la vida de Eva fue un completo fracaso. Sin embargo, vale la pena detallar, que esta es la misma Eva que sirve como vehículo para dar acceso al mundo a la raza humana. Pero su historia no termina ahí; porque notamos que su relación con Dios continuo; a pesar de su error. Ella misma pronuncia en el capítulo 4 versículo 25 Dios reemplazó a un hijo (Set) por Abel.

Parece que la que muchos determinan como fracaso, Dios la usa, para un plan específico. Dios no recompensa a los impíos, pero restaura a los caídos. Su error no la detuvo, ni el plan de la serpiente tampoco. La incapacidad de su esposo para guiarla y protegerla no impidió que su vida fuera productiva en otras áreas; porque esa es la preciosidad de nuestro Dios. No importa cuán grande sea el error en el que hemos caído, siempre que haya un arrepentimiento verdadero, habrá restauración.

Y AHÍ ES DONDE ENCONTRAMOS EL PRIMER llamado a la mujer. A pesar de que Adán fue creado primero y llamado para guiar, cuidar y proteger a Eva, notamos de manera independiente que había una tarea que tenía que completar. Su esposo tal vez podría ayudarla hasta cierto punto, pero fue ella quien difundiría la raza humana, a pesar de su error. Dios aún la amaba a pesar de todo lo sucedido. Él trabajaría duro y ella reproduciría todo lo que él le proporcionara. Dios les dio a ambos una pizarra limpia, un nuevo comienzo, y una nueva mañana.

Vivimos en una generación condenatoria que en lugar de educar, juzga; pero con Dios las cosas son diferentes. Como padres enfrentamos la necesidad de educar a nuestras niñas. Ellas necesitaran comprender, que antes de recibir el amor y la aceptación de cualquier otra persona, primero tienen que aprender a amarse y respetarse a sí mismas. De lo contrario, saldrán a buscar un amor que; ellas no entienden o saben cómo funciona. Al crecer sentimos la necesidad de sentirnos amados. Y es esa necesidad la que nos envía; podemos decir ciegos para tratar de buscarlo.

Aquí es donde muchos enfrentan el momento decisivo, de permanecer identificados con quienes eran, antes de contraer matrimonio; o sucumbir a los ideales de su cónyuge. Algunos tienen la felicidad de que su cónyuge busca la presencia de Dios; para guiar su vida y la de su familia. Otros no reciben esa guía y corren el riesgo de quedar atrapados y estériles a lo que Dios los llamó a hacer. Por eso es necesario tener una relación personal con Dios; antes de entrar en una relación secular.

Es muy fácil para cada mujer llegar a la conclusión; Dios llamó al hombre a ser la cabeza del hogar, por lo tanto le corresponde a mi esposo averiguar cómo va a funcionar esto, y no a mí. Pero tendríamos que detenernos, y estudiar todo lo que está en juego. Pensemos en eso desde este punto de vista. ¿Qué tan importante es, la educación de tus hijos? Habiendo dicho esto; pregúntese; En cual educación pensaste primero, la espiritual o secular?

¿Cuáles son los riesgos que corren nuestros hijos; si no tienen la educación correcta? Bueno, recuerde que si usted es viuda de la guía, y el sacerdocio de su esposo, probablemente también carezcan ellos de un padre en ese sentido también. Es cierto que nuestros hijos se convertirán en adultos; y cometerán sus propios errores. Pero, ¿cómo te sentirás si sabes que fallaste en su educación espiritual? Incluso, si tu esposo no toma el plan diseñado por Dios con la debida seriedad, ¿podrás justificarte ante Dios? ¿Estarás excepta de tu responsabilidad?

¿Hay algo que pueda hacer por usted y sus hijos, con o sin su esposo? Hay una porción de un verso en Jeremías 31:22 que dice que el Señor crea algo nuevo en la tierra... Una mujer rodeara a un hombre. Y en muchas ocasiones tendremos que hacer exactamente, eso. Puede ser que él esté luchando espiritualmente, y tendrás que protegerlo.

ES POSIBLE QUE HAYA LLEGADO A UN MURO espiritual, donde no sabe qué hacer, tendrá que ayudarlo a superar su confusión y resolverlo. En todo, recuerda que Dios te diseñó para ser su ayuda idonea, así que sé quién Él te creó para ser, sin importar lo que pienses, veas y sientas; y deja, que Dios juzgue al resto.

Uno de los mayores problemas de esta generación es la dependencia creada que tienen la mayoría de las personas; así que tenemos que estar realmente alerta, y ser sabios para discernir la diferencia entre ambos. De lo contrario, nos convertimos en suplidores, de lo que ellos pueden hacer por si solos. Este problema se nota en todas las facetas del ser humano. Una cosa es ayudarse mutuamente y otra es volverse perezoso y dependiente. El mayor error que puede cometer el ser humano es no darle a Dios el honor debido; ya que es Él quien ha diseñado el papel perfecto para todos.

El primer lugar en todo lo que estamos considerando emprender, si queremos que sea exitoso, debe colocarse en manos de Dios para que lo guíen. Lo mismo sucede con nuestras relaciones. Conocemos historias de parejas que han estado casadas por décadas. Todos declaran que no ha sido fácil. Otros notan que sus matrimonios duran poco. Entonces, ¿qué produce un matrimonio duradero? ¿Es amor? ¿Es deseo? ¿Es afinidad? ¿Acercarse a Dios en busca de su dirección?

Ahora, qué sucede en el corazón de una persona que dirige su corazón a Dios; y después de unirse a esa otra persona, él (ella) se da cuenta de que el servicio de esa persona a Dios perdió su fuerza. Por ser mujer; Tendría que hablar desde el punto de vista, de una mujer. ¿Qué sucede en el corazón de una mujer, o un hombre que se casa, por todas las razones correctas, y termina decepcionado y desanimado? ¿O el que se casa con su príncipe y después de un tiempo se convierte en una rana? Sus acciones ya no revelan que él ha estado con Dios. ¿Qué hace una mujer que se da cuenta de que sus hijos se han convertido en huérfanos del vínculo que un niño, debe tener, con su padre No es este vínculo el qué dirige, y da forma al carácter de ese niño?

¿Cómo se siente esa mujer cuando tal vez se siente débil en la fe, y no ve que su esposo lo nota, y la cubre con su oración e intercesión? O tal vez te guía a la palabra de Dios. Recuerde que detallamos la decepción que sentimos espiritualmente hablando. Porque la realidad es que hay muchas mujeres que tienen un esposo físico a su lado, pero su realidad es que son viudas espirituales. Para muchas personas, este es el momento en que comienza una de las batallas más grandes que existe entre la mayoría de las parejas; El juego de quién tiene la culpa. El cónyuge que toma el rol de víctima, enfoca su tiempo libre para detallar que la razón por la que está sufriendo es por su pareja.

También encontramos que la gran mayoría de todos los fracasos matrimoniales llevan a alguien, asumiendo el papel de víctima en lugar de comunicación. ¿Preguntémonos, por qué es tan difícil para nosotros, escuchar lo que esa otra persona dice? Y cuál es el problema con permitirles expresar, lo que tal vez están tratando de sacar de su sistema? ¿Por qué sin pensar en todos los aspectos de lo que dijeron, nos enfocamos en mostrar que somos nosotros los que tenemos la razón? ¿Por qué no detallar por qué, estamos de acuerdo o no? Ahora, tenemos que entender que algunas personas no están abiertas a ninguna otra opción que la suya, entonces, ¿qué sucede entonces? Bueno, entonces; oramos y le pedimos al Espíritu Santo que revele quién está en lo correcto. También debemos orar para que quién esté en lo incorrecto, asuma la responsabilidad.

También debemos tener en cuenta que el enfoque y las energías que se utilizan para tratar de enjuiciar a los culpables cargan un mayor peso; que el diálogo compartido, en busca de una solución. Pero, ¿qué pasa si la otra persona no quiere ese diálogo? Muchas veces es difícil para las personas describir sus sentimientos o emociones. Para los hombres la opcion del dialogo es controversial y poco comun, encontrará que la opción del dialogo sea aceptada como una opción. El orgullo masculino no sigue muy lejos en estas manifestaciones. Después de todo, asimilan con gran satisfacción el mandato de ser el jefe de la casa.

Esta frase de ser el jefe de la casa; ha sido una, de grandes disputas y argumentos. Pero echemos un vistazo a ambos lados de esta declaración; para ser el hombre de la casa primero debes ser el hombre. Pero para que quede claro el roll que Dios te dio, primero definamos qué es ser hombre. La palabra hombre en griego es anthropo, su definición es, la raíz de hombre. Dios puso al hombre en el Jardín del Edén, simbólicamente lo plantó allí; para dar fruto. Sabemos que toda semilla plantada, generalmente sirven para satisfacer una necesidad, ya sea comida u otra.

Si miras a tu alrededor, todo lo que te rodea es probablemente el resultado de algo plantado. La primera mención del hombre se encuentra en Génesis 1:26 y los primeros atributos que lo acompañan son los de reconocer que él también es una creación de Dios. Observamos más tarde, que la siguiente orden lo llama a dar fruto y multiplicar esos frutos. Entonces, un orden inminente; para gobernar, es tener un fruto que supla o sirva a una necesidad. Es en este punto, que Dios se dio cuenta y declaró que "No es bueno que el hombre esté solo" Génesis 2:18. Por lo tanto, cuando plantó al hombre en el Edén, los frutos que Dios esperaba de él; fueron los de gobernar, tomar dominio y suplir la necesidad de Eva.

EL APÓSTOL PEDRO EN 1ER PEDRO CAPÍTULO 3 versículo 7 explica que la mujer tiene fragilidad. Adán y Eva fueron llamados a examinar la necesidad de cada uno y suplirla. Dios les había provisto en el Edén con todo lo que podían necesitar, pero también requería que mantuvieran sus relaciones en orden. Detallado desde otra perspectiva; mi relación con Dios va primero, tengo el deber de dar fruto, debo multiplicar, y debo ejercer dominio sobre todo.

La tarea no parece complicada; sin embargo, notamos que para completarlo tendremos que presionar mucho para poder lograr la tarea encomendada. Una vez casados, nuestra tarea se multiplica. El hombre no solo tiene el deber de satisfacer las necesidades financieras del hogar, sino de mantener sus roles bien definidos y en su lugar. Adam debia mantener su relacion con dios activa, y luego mantener el control de lo que dios habia puesto en sus manos. Todo tiene su lugar en la vida, y es nuestra responsabilidad comprender y adaptarnos a un itinerario que nos permita hacer esto, sin descuidar lo otro.

Es lamentable ver, que después del matrimonio, se pierde algo. ¿Por qué? La gran mayoría de nosotros; trabajamos en trabajos seculares. Por lo tanto, día a día, a medida que nos embarcamos en nuestro día de trabajo, encontramos que puede surgir una pequeña variación aquí o allá, pero hacemos lo mismo regularmente. Si somos cirujanos, los tipos de cirugías que hacemos pueden variar, ¡pero siempre serán cirugías! Si somos recepcionistas, contestaremos el teléfono por diferentes razones, pero siempre contestaremos el teléfono.

Escuchamos sobre personas que han ocupado el mismo puesto durante 20 años o más; y no nos detenemos a pensar si todo ese tiempo fue tiempo sin situaciones difíciles o imposibles. También preguntémonos si en algún momento no nos sentimos un poco aburridos de hacer lo mismo una y otra vez. Tambien vemos ingratitud en algunos con bellas oportunidades sin saber aprovecharlas. Buen salario y excelentes beneficios y no pueden apreciarlo. ¿Por qué? Porque para tener éxito; Tenemos que tener una buena disposición y un plan de mejora continua.

No importa qué área de tu vida estés tratando de desarrollar, ¡siempre te beneficiarás de un buen plan de disposición y mejora! Por lo tanto, si está aburrido de su matrimonio, o simplemente desilusionado; ¿No será beneficioso tomarse un tiempo para preparar un plan de mejora?

Comience estudiando cuidadosamente a su cónyuge. Vuelva a descubrir sus planes y ambiciones. Redescubre sus metas y sus miedos. Vuelva a descubrir sus gustos y lo que hace feliz a su corazón. Atrévete y desafíate a enamorarte de su corazón nuevamente. Vuelve a descubrir su cuerpo. Ponga a un lado cualquier ideal de orgullo o autoridad. Solo concéntrate en sus grandes cualidades y en lo bien que las conoces. Solo estudia si esa persona; todavía lleva los detalles que te enamoraron de él o ella. Si los detalles se han desaparecido, haga un viaje rápido, por el carril de la memoria, y recuerde lo que los hizo reír; Es más fácil de lo que piensas.

El plan diseñado por Dios en la opinión de muchos cónyuges, es solo cuestión de quién tiene la autoridad. Son estos ideales que tendrás que ir corrigiendo poco a poco. Para otros; es solo la búsqueda del beneficio, que pueden obtener de esa relación. Pero otros entienden, y dan por sentado que la unión que Dios creó desde el principio; fue una unión de amor, respeto y ayuda mutua. No tiene nada que ver con la autoridad; sino con asumir la correcta posición en el plan que ya Dios diseño.

El significado del amor en detalle se encuentra en el libro de 1 Corintios capítulo 13 versículos 1 al 13. Allí Pablo habla de un sentimiento, que incluso bajo sacrificio, está dispuesto a servir, suministrar y cubrir. Allí se explica con simplicidad, que debes estar dispuesto a arriesgar todo, por el amor que sientes. En el libro de Efesios capítulo 5 versículos 22-33, también encontramos detalles sobre lo que debe habitar en un hombre que dice sentir amor por una mujer. Es por eso que debemos cuando entramos en el ideal de matrimonio; enfrentar nuestros sentimientos a nuestras emociones. Asegurándonos que es amor lo que sentimos, de otras maneras no surgirá en nosotros disposición de sacrificio.

Aquí es donde mostraremos nuestras verdaderas intenciones, y ya sean puras o impuras, será necesaria la sinceridad. En la mayoría de los casos; es así que desafortunadamente entramos en el matrimonio; sin una visión clara de lo que nos mueve. Escuchamos de ciertos casos que se expresan, me caso por necesidad, pero regularmente lo que los une, es un sentimiento de algo que se siente como amor, parece amor pero verdaderamente es otra cosa. Entendiendo esto; ahora intentemos descifrar; qué es lo que sentimos.

Uno de los mejores versículos para explicarlo se encuentra en Jeremías 17: 9. Allí encontramos la explicación del problema. ¡Nuestro corazón tiene la capacidad de engañarnos! Como seres humanos podríamos evitar muchos problemas; si pudiéramos comprender la necesidad del que nos rodea, antes de pensar en nosotros mismos. La parte difícil es comprender que mi amor por esa persona, antes de ser expresado a ellos; tiene que ser confirmado en mí. ¿Cómo puedo amar y cuidar a alguien si no sé lo que realmente siento?

Lo principal es estudiarnos a nosotros mismos primero; y luego el comportamiento de esa persona. Ese comportamiento generalmente nos indicará la dirección de la necesidad. No debemos temer ni preocuparnos, ya que las necesidades varían, hay un número indeterminado de personas que solo necesitan darles unos minutos y escucharlas. Otros solo necesitan sentirse apoyados. Pero en todos los casos, solo el amor verdadero nos equipará con un corazón dispuesto para cubrir sus necesidades.

Lamentablemente, los matrimonios de hoy saben poco de su cónyuge, o solo conocen su cuerpo. Otros enfocan su interés en un amor; el cual no envuelva sacrificio. Pero esto no será suficiente cuando nos presentemos ante Dios; quien nos hará responsables del amor que profesamos, y al que nos comprometimos también en el altar. Ahora cuando estamos envueltos; en el verdadero amor, nos permitirá reconocer a la persona; y no sus faltas. Seremos capaces de enfocarnos en lo importante, la biblia lo ensena de esta manera; "Sobre todo, tened entre vosotros ferviente amor, porque el amor cubrirá multitud de pecados". 1 Pedro 4: 8.

LA FALTA DE DIÁLOGO ES UNA CARACTERÍSTICA común, en matrimonios que están luchando. Para muchos cónyuges es más fácil hablar con una persona externa que con su cónyuge. Y no nos damos cuenta, de que esta disociación está surgiendo. Esto es porque para la mayoría de nosotros, es más fácil aceptar una diferencia de opinión de cualquier individuo, que de nuestro compañero (a). Y seguimos la ideología, que nuestro compañero, debe aceptar lo que estoy proponiendo. Creyendo que de alguna manera, existe la obligación de aceptar mi ideal, esté o no de acuerdo.

Muchas fricciones y discrepancias comienzan cuando tenemos la impresión de que hay algo mal, si no estás de acuerdo con mi ideología. Pero la verdad es que en muchas ocasiones; ¡lo que se considera no es lo ideal! Entonces, ¿qué? Usemos el ejemplo de Abraham y Sara. Notamos que Sarah tratando de ayudar al plan de Dios, le ofrece a Abraham a Agar su sierva; esto para servir, como vehículo, para recibir al hijo de la promesa. Es importante comprender que sus acciones, aunque tal vez con la mejor de las intenciones, mostraron desconfianza del Dios de la promesa y una baja autoestima. Abraham pudo en ese preciso momento no aceptar la ideología que Sara le estaba planteando, sin embargo no lo hizo.

Como receptores de las promesas de Dios, una de las decisiones más importantes que debemos tomar es comprender que las promesas siempre deben considerarse desde el punto de vista de quien es el que ha prometido. Por ejemplo, hay relaciones bien entrelazadas entre padres e hijos. Si de niños nuestros padres se ganan nuestra confianza; Como adultos entendemos que surgen dos situaciones posteriores. El primero es un sentido de responsabilidad sólida y luego el segundo es una relación inquebrantable con nuestros padres. Esto surge debido la confianza que nace, basada en la experiencia pasada.

Pero volviendo a Sara y su plan B; Dios fue quien le había prometido a Abraham la descendencia. Él tuvo experiencias pasadas con Dios; pero, ¿qué grado de confianza había obtenido Abraham con Sara? En claro tenemos que deducir que como guía de su hogar debió amonestar a Sara cuando fue presentada la proposición. Tomemos además refugio en el capítulo 12 de Génesis, versículos 10 al 20. Allí encontraremos otro ejemplo de la historia de Abram. Este surge cuando vino a Egipto a causa de una hambruna. Notamos que, por alguna razón, Abram reconoce la belleza de su esposa y exige que, al ingresar a Egipto, Sara declare que ella es su hermana y no su esposa.

El capítulo 20 de Génesis, versículos 1 al 18, nos habla de otra ocasión en la que Abram le exige que declare que ella es su hermana y Dios mismo debe interceder para evitar el pecado. A pesar de que Abram estaba declarando una verdad a medias, la intención que lo llevó a determinar ese comportamiento fue su propio beneficio. Seguía siendo el portador de la promesa; Sin embargo, es necesario comprender que la confianza que Sara podía sentir en él era un poco desviada.

Ella vio la conspiración de su esposo para su propio beneficio. Creo que un sentimiento de decepción debe haber surgido en la vida de Sara. La Biblia no lo registra, pero creo que incluso cuando las costumbres de esa época lo percibieron como normal, ella debe haberse sentido incómoda con la situación. Si lo miramos desde un punto de vista diferente, Sara recibió más vindicación de Abimelec que del propio Abram.

Ahora, de ninguna manera estas circunstancias le dieron a Sara una razón justificada para deshonrar o perder el respeto que le debía a su esposo; pero si proporcionaba una voz de advertencia, que debería sacudir su espíritu y ponerla en la zona de alerta. También sería útil comprender que esta voz de alerta posicionó a Sara para comprender que cada pedido recibido de Abram; debe colocarse bajo la lente del discernimiento y las experiencias pasadas con Dios. La necesidad de dirección surge a diario, y no importa en qué posición se encuentre; si inclinas tu espíritu en busca de esa dirección; obtendrás, no solo la dirección, sino la paz. Existe una estrecha relación entre adquirir la dirección de Dios y sentir su paz.

Examinemos ahora este otro ejemplo; Lo encontraremos en Éxodo 1: 15-17. Allí se explica que el rey de Egipto ordenó a las parteras; que mataran a cada varón nacidos a las mujeres hebreas. Los detalles relacionados con esta orden son de naturaleza peligrosa, si observas, quien dio la orden era el rey de Egipto, es decir, se suponía que todos los que estaban bajo su reinado debían obedecerlo, de lo contrario, él podría ejecutarlos. Sin embargo, estas parteras se atrevieron a poner esa orden, bajo el lente del discernimiento. Es allí donde deciden obedecer a Dios; mejor que los hombres, y la bendición de Dios no esperó. Mencionamos anteriormente la importancia de entender el honor; debido a todos, es en cada decisión que mostramos el grado de honor que rendimos. A Dios lo de Dios y al hombre lo del hombre.

Quisiera de igual manera reiterar la aclaración de que no estamos tratando de proyectar la incapacidad del hombre para instruir o guiar. Solo queremos que recuerdes que nuestra vida debe pertenecer principalmente a Dios; en espíritu, alma y cuerpo. Y que nuestra vida diaria debe girar en torno a una dependencia inicial de la dirección del Espíritu Santo en todo lo que hacemos; y emprender.

Especialmente cuando ocupamos el rol de la mujer, estamos expuestos a los ideales que nos enseñan desde nuestra infancia. Estos, en la mayoría de los casos, tienen el potencial de desviarse del verdadero plan de Dios para nuestras vidas, y a menudo terminamos sirviendo a los hombres más que a Dios. Las instrucciones pueden variar de persona a persona, pero la única forma en que realmente podemos desarrollar ese plan de Dios para nuestras vidas, es permanecer enfocados en su dirección.

La Viuda y sus Hijos

Examinemos este otro ejemplo, que se encuentra en Josué, capítulo 2, versículos 1 al 24. Su historia nos cuenta que ella vivía en el muro de su ciudad. Para muchos, conocida y señalada, como la ramera de la ciudad. Sin embargo, el discernimiento que recibió la hizo ignorar la orden del rey de Jericó; quien ordeno sacar a los espías de la ciudad de Israel, y exponerlos. Muchos habrían sucumbido a las órdenes del rey de inmediato; Sin embargo, había una intuición en ella que la llevó a ignorar la orden del rey.

EL MIEDO PARALIZANTE QUE SURGE MUCHAS veces; debido a las demandas, de aquellos que supuestamente están llamados a guiarnos y dirigirnos; no pudo evitar, que se dejara llevar por lo que sentía en su corazón. El resultado fue que los espías informaron a Josué lo que vieron en esa ciudad; e independientemente de quién era ella; ella aprendió que Dios estaba teniendo piedad de ella y su familia. Dios no esperó para bendecir esta acción; su familia fue salvada de la invasión que surgió en ese lugar.

Continuemos con la historia de la reina Vasti. Esto se encuentra en el libro de Esther. Su historia nos enseña sobre el banquete que el rey Azuero y la reina Vasti celebraron. El séptimo día, cuando el rey alegre del vino, da la orden de traer a la reina con su corona para mostrar toda su belleza. Vasti no quiso asistir, y desató la ira del rey. Su historia nos enseña; que la petición del rey se realizó con algunas intenciones, que ella no vio con buenos ojos. Es necesario saber que antes de cumplir con las demandas de quienes nos rodean, es necesario que examinemos, el por qué la demanda.

Podemos imaginar que su autoestima la llevó a comprender, que la orden del rey no tenía una explicación justificada. Estando borracho por el vino, entendió que su pedido podría exponerla a algo que la haría sentir incómoda. Para muchas otras mujeres sin pensarlo dos veces, esto habría sido la invitación del siglo. Para ella, sin embargo, fue un evento que cambió la vida.

No se dejó llevar por la emoción, ni por el orgullo. Simplemente estudió la situación y notó que no beneficiaba ningún área de su vida. Si todos nos tomáramos el tiempo para examinar a qué estamos exponiéndonos, podríamos evitar muchas situaciones, que a la larga conllevarían consecuencias con las que tendremos que vivir por el resto de nuestras vidas. ¡No importa de dónde venga! Cada situación debe analizarse en equilibrio para determinar su inclinación.

También hay otra enseñanza muy importante en esta historia que debemos asimilar. Siempre habrá quienes juzguen lo que no saben; ¡SIEMPRE! Si notamos, hubo una reunión inmediata para buscar el castigo apropiado para la Reina Vasti. Fue allí donde se determinó que sería despedida.

No había espacio para el diálogo, ni tiempo para explicaciones. Sin embargo, notamos que ella desaparece de la historia sin ninguna complicación. Esto implica que ella estaba de alguna manera, de acuerdo con la sentencia y que no sentía la necesidad de luchar contra ella. Valoraba su autoestima más que cualquier cosa que pudieran hacerle. Cuando tomamos la decisión de hacer lo mejor que podemos para nosotros mismos y para otros, los resultados siempre serán la paz interior.

Continuemos con nuestro próximo ejemplo. Esto está en la historia de Deborah. Ella era una profetisa que sirvió de guía a Israel. Cabe señalar que los judíos la reconocieron como profetisa. Su nombre significa abeja, y cuando los judíos sufrieron persecución; ella les sirvió como una voz de consuelo y al mismo tiempo como un empujón para atacar a Sicera bajo la dirección de Barak. Sin embargo, incluso cuando Barak sabía que Dios les daría la victoria, se negó a ir a la batalla. Y decidió que no iría a menos que; Deborah lo acompañara. Él también estuvo de acuerdo con la aclaración de que la victoria se imputaría a una mujer; Barak aceptó. Esta victoria inspiró a Deborah a componer una canción que encontramos en el libro de Jueces, Capítulo 5.

Aprendemos de su historia algunos factores de vital importancia. Siguiendo los planes que él expresó, ella habría también tenido que sentir temor y hubiera sido normal, que no alentara a los hombres a ir a la guerra. Sin embargo se encontró siendo impartida con seguridad y sin temor. Solo mantuvo la fe, y la confianza de que quien luchaba por su pueblo, era Jehová. La impartición de valentía y dirección, que ella brindó a la gente; produjo que pudieran experimentar la victoria, que Dios había preparado para ellos. Otra acción digna de admiración fue el hecho de que ella no mostró ninguna crítica ni desprecio; por la incapacidad de Barak de atreverse a ir a la batalla.

Ella aclaró seriamente lo que entendía que sucedería. Que todos atribuirían la victoria a una mujer. Sin reproches, sin burlas, simplemente apoyo y aceptación. Una de las tareas más importantes para una mujer; es poder ofrecer ayuda y apoyo a un hombre; sin la necesidad de minimizarlo o menospreciarlo. Siempre entendiendo que nuestra mayor responsabilidad es respetar el diseño que Dios designo, y dejar que Dios juzgue cada situación.

Encontramos otro plan divino conquistado, en la vida de Ana. Su historia se menciona en el primer capítulo 1ra de Samuel. Notamos que su esposo Elkanah la rodeaba con todo el afecto y cuidado que una mujer podría desear; sin embargo su vida escasa felicidad; debido a la falta de hijos. Su rival aprovechó la oportunidad para agudizar el dolor que vivía en el corazón de esta mujer. Pero siempre tenga en cuenta a Dios, como la posibilidad de una solución absoluta a su problema. Ella fue a llevar su problema ante Jehová, y dejar que él fuera quien juzgara su causa. Para esta mujer, como para muchas otras, la resistencia fue inmediata.

Esa resistencia vino directamente del altar de Dios; en la forma de un sacerdote llamado Eli. Esto no en respuesta de Dios; pero debido a la poca visión del que se suponía que ministraría en el nombre del Señor; El sacerdote Eli. Como mujer que busca completar el llamado que Dios ha hecho en nuestras vidas, es muy importante comprender que debemos estar preparadas para enfrentar las resistencias de varias formas. Ana nos enseña este ejemplo de gran importancia.

¡No importa de dónde vengan los consejos! Solo será de valor si es validado por la palabra de Dios. Si no, prepárate para sucumbir. Por lo general, muchos de nosotros buscamos consejo; cuando sentimos que se está derrumbando nuestro mundo. La realidad es que hemos creado una sociedad que en la mayoría de los casos depende más de consejos externos que de esa intuición interna.

El sacerdote Eli, que debía presentar la solicitud de Ana, no pudo discernir su verdadera necesidad. Tomó una actitud de juez; en lugar de mediador. Para muchas personas, esta habría sido una razón justificada, para rendirse y desmayar. Pero en Ana notamos, una humilde aclaración de la razón de su oración y llanto; y la decisión de comprender que había dejado lo imposible de su situación en manos de Dios. También vemos el reconocimiento de que su vida debería continuar (ella comió, bebió y ya no estaba triste). Muchos de nosotros gastamos la mayor parte de nuestra energía enfocándonos en lo que es imposible. Si al menos pudiéramos proporcionarle a Dios un atisbo de fe y darle espacio para trabajar; entonces él podría proporcionarnos un milagro.

Esto surge solo cuando entendemos que nuestro Dios; Él es quien traza los pasos de nuestra vida. Es posible que no estemos de acuerdo con la configuración; pero Dios sabe lo que es mejor para nuestra vida. No necesita nuestra aprobación, pero nos expone a su plan perfecto día a día. En diversas situaciones, da forma a nuestra vida y carácter; transformándonos en el recipiente que Él quiere crear. El destinatario final suele ser uno lleno de bendiciones y victorias, que son totalmente para la gloria de Dios.

Tenga en cuenta este proceso paso a paso a través de la vida de Pablo. Su nombre de nacimiento es Saúl. Su historia se encuentra en Hechos capítulo 9 versículos 1 al 9. Allí notamos que su posición social y educación lo habían adquirido privilegios ante el cuerpo eclesiástico de esa época. Su petición; que se le permita la libertad de traer prisioneros hombres o mujeres que participaron en la fe cristiana, llamados los del Camino. Allí notamos que recibe una interrupción repentina en forma de visita de una luz que lo hace caer a tierra; (materia prima en la creación del hombre).

Él escucha desde allí; en la tierra, una voz que lo interroga. Saulo acababa de ser colocado en el torno de alfarero y no podía distinguirlo. Gratuitamente, Dios aclaró cualquier error que cometió y lo dirigió de la manera correcta. Luego vemos que una vez que Saúl recibe instrucciones, se levanta de la tierra (como una vasija hecha nueva) e incluso cuando no ve, está dispuesto a caminar porque comprende que toda su educación y conocimiento eran nulos para la soberanía absoluta de Dios. . Después de esa reunión, Saúl se convirtió en Pablo; viviendo una vida de servicio y sumisión al Rey de reyes y Señor de señores.

No importa si eres hombre o mujer; Todos estamos expuestos al proceso de desarrollo espiritual. Es allí donde podemos comenzar a discernir el verdadero llamado que Dios ha hecho en nuestra vida. Podemos crecer secularmente y alcanzar la cima del mundo. Pero a partir de ahí tendrás que preguntar; lo que cada ser humano pregunta en algún momento. ¿Entonces fui creado para qué?

Nuestra tarea principal es y siempre será dar gloria a Dios con nuestra vida y forma de vida; pero también estamos llamados a desarrollar ese llamado que hizo en nuestra vida. Esta es la única forma de sentirse completo y feliz.

Siempre habrá diferentes situaciones que tratarán de desviarnos de la razón por la cual fuimos creados; pero será nuestra tenacidad lo que nos mantendrá enfocados para completar nuestro llamado.

Cuando Jesús declaró "Consumado es"(Juan 19:30), nos dio el ejemplo a seguir. Es impresionante ver cuántas personas pierden de vista el hecho de que; Hay un trabajo al que estamos llamados a hacer. No aparecimos en el mundo solo para existir; Estamos llamados a dejar una marca, para hacer una diferencia para los que nos siguen. Debemos completar nuestra tarea sin ignorar; que la gloria será única y exclusivamente para Dios.

Volviendo al llamado sobre las mujeres, también nos beneficiaríamos agregando la historia de Ruth. Su historia nos enseña que no importa cuán grande sea el fracaso que pueda surgir en nuestra vida. Dios puede crear un testimonio que glorifique su nombre. Para aquellos de nosotros que estudiamos su vida, a primera vista parecería que ella terminaría siendo una simple exiliada de su país, sin embargo, no importando su aparente fracaso, Dios la ubica en una de las posiciones más deseadas de esa época. Lo que parecía ser el fin; la pobreza y la falta de fortuna; Dios lo usó para darle honor, honra y riqueza.

Nuestras situaciones difíciles, y problemas cotidianos, a menudo son solo la plataforma que Dios usa, para impulsarnos a niveles más profundos. Es entonces cuando realmente comenzamos a conocer al Dios que servimos. Sin embargo, notamos que es en esta etapa, donde perdemos a muchos, que, ante la gravedad de ciertas situaciones, eligen rendirse y simplemente no pelear más. Es en este momento cuando pensamos en el divorcio, damos lugar a la ira, y al resentimiento, y perdemos de vista la enseñanza detrás de toda la conmoción.

Cada caso es diferente en el proceso; pero...... el final del proceso es el mismo. Debemos aprender a comprender que Dios, tiene el control de nuestra vida. ¿Entonces qué es lo que hay que hacer? ¿Cómo resolver nuestros problemas? ¿Por qué no permitimos que Dios pueda enseñarnos, lo que quiere enseñarnos sin problemas? ¿Por qué usa Dios la dificultad para enseñarnos? ¡Sencillo! Si nos damos cuenta, notaremos que somos nosotros, los que tenemos problemas para adaptarnos a Sus instrucciones. ¿Quieres pruebas? Adán es creado y colocado en el Edén; le dieron instrucciones. Y posteriormente tenemos problemas! Hay pocos seres humanos a quienes les gusta seguir instrucciones. Todos prefieren vivir según sus propias reglas e ideales; y si quieres saber, no hay problemas con eso! Pero recuerde cada decisión también, tendrá consecuencias.

Es ley universal, si corro me canso, si como en exceso, engordaré, si gasto más de lo que tengo, necesitaré, si siembro cosecho. Bueno, entonces deberíamos entender; que si estoy expuesto a la palabra de Dios e ignoro lo que aprendo de allí, entonces simplemente tendré que enfrentar las consecuencias. Ahora, ¿cómo aplicamos esto al llamado de la mujer? Después de todo, debemos entender y recordarnos que la cabeza del hogar, es el hombre. Bueno no; eso es verdad a medias. La cabeza de cada hogar debe ser Dios; entonces nuestro esposo. Cuando sacamos de posición la estructura correcta de las relaciones, siempre enfrentaremos problemas. Cuando esperamos más de nuestros cónyuges que de Dios, estamos en aguas profundas y a punto de hundirnos. Cuando esperamos más de nuestros hijos que de Dios, estamos en problemas. Habiendo entendido todas estas verdades, surge una pregunta. ¿Cuál es la posición correcta entonces, que la mujer debe asumir?

La Biblia nos muestra que Dios mismo, creó la primera pareja, les proporcionó el diseño correcto a seguir. Adán había estado con Dios antes de recibir a Eva. Y Eva había estado con Dios antes de conocer a Adán. Todo debe continuar de acuerdo al diseño establecido. Sin embargo muchos hemos desarrollado un conocimiento erróneo de querer re-diseñar el plan original. Sin detenernos a pensar, que después de todo quien lo creó fue Dios mismo! Notarás además que Dios le da la orden a Adán; para llenar la tierra y gobernar sobre ella. Si notas, también nos dice que Jehová Dios vuelve a visitar a Adán y Eva y le pregunta "Adán, ¿dónde estás? (Génesis 3:9)

Por lo tanto, cada plan elaborado debe ser seguido por una inspección de logros. Así como has criado a tus hijos y les enseñas lo bueno y lo malo; pero luego obsérvalos hasta que estén unidos a tus enseñanzas; Dios lo hace de la misma manera. Él les dio las enseñanzas y luego, miró para ver si cumplían con sus instrucciones.

Este mismo patrón es lo que debemos continuar con nuestra posición como esposa, madre y otros. Así como a Adán se le dieron instrucciones; También fueron entregadas a Eva. Muchos de los problemas que enfrenta la humanidad; se deben al hecho de que regularmente somos muy rápidos para juzgar a los demás. Vemos sus fallas pero elegimos no ver las nuestras. Esto no significa que debamos abandonarnos a los ideales de quienes se supone que nos están guiando. Somos los principales responsables de nuestra relación con Dios; independientemente de que nuestra posición nos esté llamando a seguir a nuestro cónyuge, debemos entender que si no viven de acuerdo con el llamado de Dios, entonces, como mencionamos antes, ponga cada idea bajo la lámpara de la Palabra de Dios y actúe de acuerdo con ella.

Por esta razón, debemos tener mucho cuidado de no caer en los ideales de quienes nos rodean. Como mujer, aprendemos de nuestros padres sus ideales y costumbres. Luego, cuando nos casamos, nuevamente estamos expuestos a los ideales de nuestros cónyuges, que generalmente se inclinan a pensar que independientemente de quiénes somos; o cómo pensamos, seguiremos sus ideales. Pero debe surgir una pregunta inmediata. ¿Son estos ideales de acuerdo con el plan que Dios constituyó? ¿Están alineados con la palabra de Dios?

Creo que estas son las razones por las cuales muchas mujeres se han sumergido en la vida; y no han podido desarrollar sus sueños. Lamento escuchar las quejas de tantas mujeres, que a primera vista parecen felices, pero en algún momento, cuando la copa se desborda y la felicidad se va, comienzan a sentir la frustración y la decepción. También debería decirse que no podríamos juzgarlas por sentirse tan desanimadas. Pero tendríamos que aceptar el hecho de que este desánimo se debió a que se comprometieron y enamoraron más del hombre; que con el cuidado de Dios Y esto siempre será una receta para el desastre.

Entonces, ¿qué hacer con este barco que naufraga? ¿Qué debemos hacer si hemos alcanzado un nivel de desastre? Cuando algo no funciona; usualmente tendemos a evaluar cuál fue su comienzo, y porque dejo de funcionar. Esto lo hacemos para saber la razón del fracaso. Nuestra vida no es una excepción. Cuando algo no funciona de acuerdo con las expectativas normales, generalmente es aconsejable preguntarnos por qué. Seguido de todas las preguntas que puedan surgir; respuesta sincera y clara debe tener lugar. Cuando preguntamos y concluimos la razón de la disfunción, entonces somos colocados en la arena del cambio.

Recuerde que nada valdrá la pena si no puede ser honesto en sus respuestas. Y si eres desleal al responder todas estas preguntas; solo te estarás engañando a ti mismo. Entonces sería conveniente plantear los pros y los contras de cada uno de ellos. ¿Qué pasa si lo hago y qué pasa si no? El siguiente paso es rastrear quién directa o indirectamente; está involucrado con las consecuencias de tus decisiones. Tómese unos minutos y piense qué hubiera pasado si se hubiera hecho estas preguntas antes de tomar sus decisiones pasadas. Puede sentirse decepcionado con alguien, o incluso consigo mismo; pero recuerda que la clave es; que necesitas aprender de ese error y negarse a permanecer estancado.

Me imagino que ya tiene una mejor idea de dónde estaban sus fallas y cómo corregirlas. Si, habrá consecuencias que en algunos casos tendrá que enfrentar; pero recuerda lo importante es no quedarse atascado. ¿Te acuerdas de Sarah? Una de las etapas de su vida; nos enseña que en cierto momento nos enfrentaremos con la realidad que vemos, frente a las promesas de Dios. Ella no tenía hijos y su cuerpo había envejecido.

De nuevo quiero advertirte; Independientemente de lo que veas, no caigas en la trampa de tratar de ayudar a Dios. Por supuesto, la práctica de darle a su sierva a su esposo era común en esa época, pero la ayuda que ella tenía para darle a Dios se convirtió en un aguijón. Sin embargo, cuando Sarah le pide a Abraham que la despida, ¿quién le confirma a Abram que está bien hacerlo? ¡Jehová mismo! Disculpe, pero ¿hay algo mal con esta imagen? Dios no puso en orden el reguero que ella había creado, pero si lo uso para procesarla.

También quiero aprovechar este momento para pedirle que se una a mí en una de las campañas más necesarias para romper este círculo de fracasos. Este hábito de ignorar la importancia de educar a nuestras hijas cuan importantes son para Dios. Estudios muestran que esta sociedad conlleva una alta incidencia de mujeres, que sufren de depresión y tienen baja autoestima. No habrá mujeres victoriosas, matrimonios y familias, si no nos detenemos, y comenzamos a tratar de rescatar lo que se ha perdido.

Enseñemos a nuestros hijos que son especiales para Dios; que son especiales para nosotros. Y además de eso, debemos enseñarles que la relación con Dios; es y será la relación más importante que puedan tener. Solo así se desarrollara una sociedad fructífera entendiendo el valor que Dios puso en ellos, el costo de la sangre de Cristo.

Una de las luchas comunes que tienen las personas es la incapacidad de administrar el tiempo para cumplir con nuestra complicada agenda. Tendemos a escuchar a muchos decir; No tengo tiempo. Y a veces incluso me he oído decir que necesito un día de 48 horas para hacer todo lo que tengo que hacer. Pero la verdad es que si tuviéramos el día de 48 horas más; nos envolveríamos aún más y muy probablemente después de un tiempo deduciríamos que ese tiempo tampoco es suficiente.

Creo que la agenda de las mujeres suele ser dos veces más complicada que la de un hombre. Sin embargo, muchas encuestas han reportado resultados que muestran la adaptación a una vida espiritual y congregacional mucho más alta que la de los hombres. Los resultados de la última encuesta que escuché informaron que por cada 7 mujeres que asisten a una congregación hay un hombre. También he escuchado a muchos predicadores decir que esto se debe a que las mujeres tienden a ser más espirituales o apasionadas. Tampoco ignoramos la realidad de que hay muchos hombres que aman y sirven a Dios con un corazón sincero y apasionado.

Pero es necesario aclarar con sinceridad que Dios ama tanto al hombre como a la mujer; y él quiere usarlos ampliamente. Sin embargo, muchas mujeres tendrán que obligarse a sí mismas para cumplir con los amplios requisitos a los que están llamadas. Por esta razón, un plan de trabajo probablemente le proporcionará una herramienta beneficiosa, de la que puede obtener amplios beneficios. Respetando el tiempo limitado que a menudo tenemos para leer, trataré de resumir muchos puntos buscando la oportunidad de una lectura rápida pero beneficiosa.

Para poder ubicarnos en una posición de desarrollo, comencemos con lo básico. El apóstol Pablo hablando en su primera epístola a los Tesalonicenses en el capítulo 5 versículo 23; nos enseña que somos seres poseedores de una trinidad. Allí nos aconseja esto; debemos guardarnos irreprensibles hasta su venida; en espíritu, alma y cuerpo.

Como mujer en busca de conquistar el llamado que Dios ha hecho en tu vida; Es importante que sepas todo acerca de ti misma. Debido a la falta de interés propio, a veces nos quedamos cortos en el desarrollo de muchas áreas de nuestra vida; y en muchos casos, nos falta el conocimiento de quiénes somos. La integridad personal es muy importante; y va de la mano, con un sentimiento completo en alma, espíritu y cuerpo. Hágase muchas preguntas y vea con qué se siente identificado. ¿Sientes pasión por algo específico? ¿Tienes un sueño que conquistar? ¿Tu espíritu está equilibrado? Te sientes completo?

Recuerde que si está espiritualmente completo y tiene un cuerpo enfermo, encontrará problemas. La alimentación correcta, el tiempo adecuado para descansar y hacer ejercicio, son aspectos de vital importancia a los que debe prestar mucha atención. Todo esto va junto con un chequeo médico adecuado. También debe comprender que esto no debería suceder solo si tiene suficiente tiempo; necesitas disciplina para mantener este régimen. No importa cuán ocupado puedas estar; Debe tomarse el tiempo para nuestro cuidado personal. No dependa de su cónyuge en áreas que usted solo pueda ejecutar; Siempre consulte con él sin dejar de ejecutar.

Otra área en la que siempre debemos ser diligentes para mantener es su bienestar emocional. El hecho de que seas mujer te ha colocado en lo que muchos han llamado una montaña rusa de hormonas. Es de vital importancia estar alerta y bien equilibrado. Como sabemos, nuestra sociedad ha estado luchando con un fuerte espíritu llamado depresión. Ha superado sin discriminación a hombres, mujeres y niños. Hemos visto que independientemente de su raza, creencia o estabilidad financiera; la gente ha sucumbido a eso. Contamos con el personal famoso, político e incluso del clero dominado por él, por lo que debemos comprender la importancia de mantener la concentración y la alerta.

Al completar estas dos áreas, te habrás colocado en el área de mayor importancia para cada ser humano; tu vida espiritual. Como habrás notado, entraste en la escena mundial de forma independiente; solo....... Esta será la misma forma en que te irás. Esta verdad nos enseña que su relación con Dios ocupa el primer lugar. Por Él entraste en este mundo y solo por Su comando te irás. Resumiendo los parámetros básicos de nuestra vida espiritual, sabemos que así como el cuerpo físico necesita un régimen sustantivo, el espiritual conlleva la misma necesidad.

Hemos escuchado antes que el alimento del espíritu es el ayuno con la oración. Y debe surgir un hambre continua, por el conocimiento de su palabra. Podríamos asegurar que un espíritu; que no se alimente con estos elementos, eventualmente morirá. En repetidas ocasiones, he visto un error muy común que, en mi opinión, desalienta especialmente a los nuevos conversos; y los neutraliza en un mayor desarrollo. Esta área es la enseñanza de una necesidad de una vida de intimidad con Dios.

Se escucha repetidamente; debemos orar y ayunar, pero quizás deberíamos tomarnos el tiempo para enseñarles a orar y luego continuar con ellos en busca de las experiencias que han recibido de la enseñanza. Esta visita de seguimiento no solo nos ayudará a monitorear su crecimiento, sino que también nos dará la oportunidad de saber si ellos comprendieron la enseñanza correctamente. Pocas congregaciones se toman el tiempo de enseñar esta área necesaria para desarrollarse.

Muchas congregaciones de estos tiempos están llenas de llamados cristianos que no saben cómo orar. El factor tiempo puede no surgir siempre, y especialmente si eres una mujer como muchas otras que está llena de compromisos pero pregúntate cómo puedes tener una relación con alguien con quien no hablas? Tal vez esta es una tarea cuesta arriba. Sin embargo, si realmente quieres tener éxito en tu vida espiritual; no puedes lograrlo si no oras. Dios no está impresionado por el lugar donde lo haces, ni por el momento específico. No le impresiona la elocuencia de las palabras refinadas. Solo quiere escuchar tu voz, sea audible, silencioso o en forma de lágrimas y gemidos. Él solo quiere escucharte.

A MEDIDA QUE DESARROLLE ESTAS ÁREAS, notará que su vida se siente personalmente completada. Te sentirás listo para emprender una búsqueda que será la más importante de tu vida. Algo extraordinario surge cuando entras en esta etapa de tu vida. Notarás que, aunque es importante decidir qué vas a estudiar, con quién te casarás o alguna otra decisión de peso; nada puede superar la importancia que viene de desarrollar el llamado de Dios en tu vida; ¡Nada!

Asimismo, debe desarrollar mucha precaución para evitar caer en desviaciones de su verdadera vocación. ¡Recuerde que la biblia dice que el corazón del engañoso! También te beneficiará a partir de ahora comenzar a comprender que no importa cuán lejos puedas llegar, la gloria siempre será; y solo de Dios. ¡Que el llamado que Él ha hecho sobre ti sea el de predicar, enseñar, escribir o cualquier otro llamado que la Gloria sea a Dios! Encuentre lo que le apasiona, estúdielo y luego comience a desarrollarlo; de manera organizada y constante después de que hayas confirmado que Dios te ha llamado así.

Busca a esas mujeres que antes de ti; tuvieron el mismo tipo de vocación y con respeto aprende cómo lo conquistaron. Pero desarrolle un patrón de dar un paso y siempre regresar para obtener la aprobación de quien lo llamó. Si está casado y su esposo es dirigido por Dios; él te servirá como fuente de crítica constructiva. También recuerde que si él es ese hombre de Dios, también tiene un llamado con el que debería ayudarlo. Por eso es tan importante la comunicación dentro de su matrimonio. Sí, ayúdalo en todo lo que emprende que está en armonía, con la voluntad de Dios. Ahora si tu ayuda es reconocida por él o no; cúbrelo con tu oración e intercesión. Y siempre prepare la atmósfera de su hogar, para que haya libertad de espíritu. Recuerda que Proverbios 14:1 dice La mujer sabia edifica su casa, más la necia con sus manos la destruye.

Si él no se ha alineado con el llamado que Dios ha puesto en su vida; continúa orando e intercediendo por él; pero bajo ninguna circunstancia deje que eso te detenga. Incluso si no entiendes lo que está pasando, únete a él en oración si él ora y acércate al trono de la gracia. Pero siempre tenga en cuenta que el mismo Dios que se dirige a él también es Dios tuyo, y él le mostrará las cosas que están de acuerdo con su voluntad y las que no. Nunca subestimes la autoridad que Dios le ha dado como cabeza de familia; pero sea claro en un detalle. Él está sujeto a la misma batalla espiritual que tú tendrás.

Unidos, serás un equipo más definido para la batalla, mantenlo en tus oraciones activas diarias. Así como creas un ambiente para tu tiempo privado con él; prepáralo de la misma manera para unirte con tu lado espiritual. Y, sobre todo, asegúrate de mantenerte alerta de cómo va tu vida espiritual, no seas demasiado crítico contigo mismo o con él. Nunca olvides que Dios creó el matrimonio para que cada cónyuge complemente al otro, no para que se destruyan.

Estudiemos qué sucede cuando tu pareja no ejecuta su llamado principal como jefe de familia. ¿Cuál es el puesto que debe ocupar una mujer? Cuando tal vez ella tiene la compañía física de su esposo, pero no la espiritual. Su cuerpo está presente allí; sin embargo, no ha llegado a comprender que hay un llamado mayor al que está obligado. Recuerde que está estudiando su comportamiento, para resolver la situación; no para criticar, sino para tratar de levantar.

No puedes lograr nada si no estás bien conectado con el Espíritu Santo primero. Es por eso que en párrafos anteriores detallamos la necesidad que tienes de estar completo en el Señor. Solo una dependencia absoluta del Espíritu Santo te garantizará una victoria. Del mismo modo debes entender que el ser humano es una entidad independiente. Y ese servicio a Dios es voluntario y de libre albedrío. Ora, ayuna, e intercede por su rendición; para que sea Dios quien trabaje en su vida. Algunos escucharán el llamado del Señor y otros no. Pero debes respetar su libre albedrío. A quien escuche el llamado del Señor, ayúdalo a que restaure y reafirme su fe, y luego agradece al Espíritu Santo por su trabajo.

Y aquellos que no escuchan el llamado, y toman a la ligera la responsabilidad de que Dios también los llamó; recuérdalos en tu oración; pero NUNCA les dejes dañar lo que Dios quiere hacer en tu vida. Entonces deberás asumir la responsabilidad de la sacerdotisa de su hogar; y entrar en el campo de batalla espiritual. NO DEJE QUE EL ENEMIGO LOS DESTRUYA. ¡No te rindas, no te detengas y no te dejes intimidar! ¡Tengo buenas noticias para darte!

Esta noticia viene directamente de la Biblia. Estudiemos cuidadosamente las diversas historias de mujeres que fueron confrontadas; con la realidad de que tal vez el que fue llamado para dirigirlos no estaba ejecutando su llamado? A través de estas historias verás que el defensor del huérfano y la viuda; física y espiritualmente es el Señor. Si volviéramos a las historias mencionadas anteriormente, nos daríamos cuenta de que Dios estaba presente en todas ellas.

Eva cuando se enfrenta con la realidad del fracaso; recibió una reorganización de su vida con nuevas instrucciones. Incluso cuando tuvo que enfrentar las consecuencias de su pecado, Dios la restauró señalando el camino correcto (hijos y llene la tierra). Incluso cuando Dios ve nuestros pecados, tan pronto como percibe el arrepentimiento, proporciona un plan de reenfoque para que podamos ser restaurados. Sí, tendremos que lidiar como Eva hizo con las consecuencias; Sin embargo, su misericordia siempre proporcionará un plan de restauración.

Continuando con la vida de Sarah; encontramos que cuando Sarah le pide a Abraham que despida a Agar; ¡Dios le informa a Abraham que no piense que es serio, sino que haga lo que Sarah le pide! Es impresionante cómo Dios, que conoce las intenciones del corazón, trabaja con cada uno individualmente. No eres parte del lote; Dios se toma su tiempo para juzgar tu situación individual. Para muchos de nosotros esto es visto como injusto e impropio, sin embargo, cuando Dios establece un plan para su vida, nadie; Déjame repetirlo, nadie lo sacará de su plan deseado.

Y, por supuesto, Agar tampoco está abandonada, nuestro precioso Señor también cuida de ella. Cuando está en el desierto, en una de las escenas más terroríficas, que una persona puede experimentar; la posible muerte de un niño; y mira quién aparece, el Señor mismo. Esto es para asegurarle que ella no está sola; y que su hijo no morirá sino que tendrá una vida fructífera. Las actitudes de Agar en un momento dado; no fue la mejor, pero Dios la corrige y la ayuda. Parece ser que cuando nos enfrentamos con el sentimiento de fracaso; comenzamos a darnos cuenta de nuestros propios errores y, debido a su gran misericordia y nuestro arrepentimiento prosigue la restauracion, sigue la restauración.

Continuemos con la historia de Rahab la ramera. Su nombre se menciona en unión con su pecado. Era como su apellido, y suplía la razón por la cual la gente se sentía con derecho a señalarla. Pero dios ve en ella algo diferente. el ve un alma con potencial de arrepentimiento. Pero el Dios que amaba su alma le proporcionó la salvación física en los momentos en que toda su gente murió. Uno de los detalles más amorosos de esta historia es; que a pesar del pecado en que vivía esta mujer; ella se convierte en un vehículo para salvar al pueblo de Dios. Estaba acostumbrada a servir a los hombres. Pero la Biblia nos enseña que Dios siempre usa a quien quiere, para lo que quiere y cuando quiere. No importa qué errores hayamos cometido, su propósito es salvarnos y que nuestra vida glorifique su nombre.

Si notamos en todas las historias que hemos mencionado, hay un denominador común. Es en esto en lo que debemos enfocarnos, con claridad notamos que ante el fracaso del hombre, aparece un Dios que se preocupa por esas viudas y huérfanos espirituales. Incluso cuando el hombre está presente en el cuerpo, muchas veces como guía, maestro, cuidador y proveedor de ayuda, puede estar ausente. El Espíritu Santo es diferente. Siempre puedes contar con él. Dios nunca falla, sí, tal vez la solución no sea la que esperamos, pero siempre será para nuestro beneficio.

A veces sentimos que, aunque estamos acompañados en lo físico, de alguna manera sentimos soledad. Pero me gustaría recordarle que no estás solo; Dios es tu defensor del huérfano y la viuda. Incluso si no sientes que él está trabajando, lo está. Si estudiamos la Biblia cuidadosamente, encontramos los momentos en que muchas mujeres podían ver cómo estaba presente su intervención. Podrían ver la gloria de Dios manifestada en su favor como tú podrás verla, si puedes creer.

En el libro de Marcos capítulo 5 versículo 25, vemos cómo una mujer enferma recibe la visita de aquel que cambió su triste condición. La historia no especifica si ella tenía un esposo o no, pero lo que notamos es que estaba sola cuando decidió acercarse a Jesús, a pesar del riesgo que esto conllevaba. No tenía derecho legal, ni dinero, sin cargo; pero con una decisión determinada. Se concentró en la posibilidad de ser sanada; y no con la condición que la etiquetaba.

Jesús inmediatamente siente el impacto de su poder, atacando ese mal que la había convertido en esclava, para el desprecio y la crítica de muchos. El poder que salió de él, curó el cuerpo de esta mujer, y su curación fue inmediata. Nuestro espíritu, alma y cuerpo solo necesitan un toque del poder vivificante de nuestro precioso Jesús. Hay un error conocido pero recurrente que hemos encontrado en la mayoría de estos casos. Las personas tienden a juzgar el estado en que estamos, de acuerdo a como nos proyectamos. Sin embargo, hay muchas veces cuando nos encontramos proyectando una felicidad que está lejos de nuestra verdad. Pero siempre recuerda que la gente juzga, pero Dios restaura.

Visitemos otra historia que nos recuerda cuán precioso es el cuidado de nuestro Señor. Es el defensor del huérfano y la viuda. El libro de Marcos nos cuenta la historia de una mujer Siro-fenicia que, teniendo un problema, también busca a Jesús como solución. Quiero recordarles que en ese momento no era normal que una mujer se acercara a los maestros para pedirles algo. Nuevamente, no sabemos si ella tuvo un esposo o no. Lo que sí sabemos es que era en ese momento carece de la intervención de alguien que la ayude; entonces ella va a Jesús, y le presenta su necesidad.

Su historia nos enseña que habrán situaciones que nos harán sentirnos solos, en nuestras vidas. Si había un hombre que una vez ofreció su amor, ahora se había ido. Tal vez él estaba físicamente con ella o tal vez no. Lo que sí sabemos es que él no fue quien buscó ayuda en Jesús. Esa decisión dejó a esta mujer desesperada y abandonada de apoyo. Esta condición también presentaba a su hija; quien era atormentada por un espíritu inmundo, sin la cobertura del sacerdote espiritual, que intercedería ante Dios. También existe la posibilidad de que tal vez su esposo habia muerto; no lo sabemos, pero esto no detuvo a esta mujer; su necesidad era mayor que su inestabilidad.

Pero surge lo más sorprendente del asunto; cuando Jesús da una respuesta a su súplica. Parece que ella había encontrado a Jesús en un mal momento. Su respuesta parece ser sin compasión y abrupta. Incluso cuando había una aversión entre los judíos y los samaritanos, es difícil para nosotros pensar que nuestro dulce salvador respondería a esta mujer tan fríamente. Sin embargo, esta sería una lección para todos los presentes allí, e incluso para todos los que nos fortalecemos al leer su palabra. Dios no hace acepción de personas, y si mostramos perseverancia obtendremos la respuesta que esperamos de nuestro salvador. Ella había experimentado que el hombre le fallaba; Pero no su Dios.

Continuemos con la historia escrita en Lucas capítulo 7 versículos 11. Allí notamos a una mujer que acaba de perder a su único hijo. Ella estaba experimentando el peor tipo de soledad, esto porque su hijo ya no estaba con ella. Su historia cuenta que la acompañó una gran multitud en el momento en que conoce a Jesús. Pero, naturalmente, habría sido más probable que después del entierro y llegar a casa, poco a poco todos se retiraran, dejándola sumergida en una inmensa soledad.

La Viuda y sus Hijos

Pero su historia da un giro inesperado cuando Jesús la encuentra en la entrada de la ciudad. Nuestro amoroso salvador se mueve hacia la compasión cuando ve el dolor y la angustia que sufrió esta mujer. Él ordena que el ataúd se detenga; y cambia el curso de esta historia para siempre. Aprendemos de esta historia que no importa cuán desesperada pueda ser nuestra situación. No importa cuán imposible pueda ser nuestra condición, si notas, era su único hijo; quien había muerto, era viuda y todo lo que le quedaba era su hijo, el cual ahora yacía en un ataúd.

Muchas veces el proceso de nuestras pruebas nos hace perder toda esperanza. Creemos que no hay salida para nuestra situación. Pero Dios nos recuerda que Él sigue siendo Dios y siempre lo será. La palabra nos enseña que Él es el mismo ayer, hoy y por la eternidad. También nos enseña que no hay nada imposible para Dios, y que Él estará con nosotros hasta el final. Mujer de Dios, nunca pierdas tu esperanza. No importa cuán difícil e imposible sea tu situación. Confía en ese poderoso Dios; quien nunca ha perdido una batalla y espera en Él. Recuerde sus promesas, mantenga su fe y nunca pierda la esperanza. Él es quien defiende al huérfano y a la viuda. Así que pon tu corazón en sus manos, para que como ella, puedas ver todo aquello que hay muerto en ti volver a renacer.

EL DÉCIMO CAPÍTULO DE LUCAS EN SUS versículos 38 a 42 cuenta la historia de una visita realizada por Jesús. En esta escena se nos presentan dos mujeres con muy buenas intenciones, pero solo una, con una buena decisión. Esta es una de las áreas más complicadas para que los cristianos la asimilen. Del mismo modo, he escuchado a demasiadas personas; incluyendo pastores, que han tenido que llegar a la conclusión; que hay una gran diferencia entre estar lleno de Dios y estar lleno de compromisos que involucran el llamado de Dios. Solo la autodisciplina puede ayudarnos a no caer prisioneros, de este peligroso hábito. Este truco, además de ser peligroso, actúa como un agente paralizante, deteniendo lo que Dios te ha llamado a hacer.

Me entristece escuchar que incluso los pastores caen en las redes de esta costumbre. Como pueblo de Dios, tenemos que desarrollar una actitud astuta, que nos alerta sobre esta artimaña diabólica. Esta misma actitud es la que notamos en el pasaje antes mencionado. Marta no estaba actuando fuera de lo natural. Sus visitantes habían llegado y era necesario servirles. Como notamos, el esperado apoyo de una de las hermanas, había dado un giro inesperado. Entonces la otra tomó como natural, ir a Jesús y quejarse de esto.

La respuesta clara de Jesús fue inmediata; él aclara que el afán de la vida cotidiana, había tomado el control de Marta; y que María había puesto "la mano en la parte buena"(Lucas 10: 41). Si nos damos cuenta claramente, debemos entender que cuando la actitud que tomamos es poner las cosas de Dios en primer lugar "no nos será quitado". No importa cuánto piense que está cubierto; cuánto está trabajando para el Señor, solo entregándose a Él, es lo que puede mantenerlo firmemente en pie. Tendrás que en ocasiones aprender a decir, no!

Si eres una mujer llena de muchas tareas, tómate el tiempo para recordar que fue Cristo mismo quien amonestó en contra de esto. Esta es una de las mejores herramientas utilizadas por el enemigo; para sacarte de enfoque, para que no ejecutes el plan que Dios decretó sobre ti. La gran mayoría de nosotros nos convertimos en víctimas fáciles de esta artimaña. Pero Dios no nos ha abandonado, uno de los atributos más detallados, a través de la Biblia, es su amor incondicional por nosotros. Si te encuentras enterrado en el afán y la ansiedad; descansa sabiendo que tienes a tu lado al que dijo: "Mi paz te dejo, mi paz te doy, no como el mundo la da, yo la doy". Anímate a promover tu paz y la paz de tu hogar. Y siempre revise su lista de tareas y asegúrese de que tu tiempo íntimo con Dios esté en la parte superior de su lista.

La Viuda y sus Hijos

En el Evangelio de San Lucas, capítulo 21, encontramos otra historia que nos recuerda que no estamos solos. Tal vez la viudez ha llegado a nuestras vidas, o tal vez todo el sustento ha desaparecido. Sin embargo, nunca olvides que Él es tu defensor. Hay muchas lecciones que podemos aprender de esta lección. Por lo general, he escuchado a la mayoría de los predicadores presentar esta historia centralizada en la ideología del sacrificio, y es uno de los detalles más dominantes de la historia, pero también notamos el cuidado que el Señor tiene de aquellos que se refugian en Él.

Esta viuda cuenta la historia ofreció todo el sustento que tenía. Notamos además que ella no lo dio con pesar; o esperando ser reconocida o re-embolsada. Dios, ordena cuidar especialmente a los huérfanos y las viudas, no solo lo reconoce, sino que se conmueve. Mujer de dios; Quizás tu necesidad pase desapercibida para quienes te rodean, pero nunca ante Dios. En tu hora de necesidad no te desesperes, no te aflijas, Él está más cerca de lo que percibes. Solo confía en El con todas las fibras de tu corazón.

También encontramos en Juan capítulo 2 la historia de la boda de Canaán y el milagro de Jesús. Me encanta ver cómo, incluso cuando no era el momento de Jesús para manifestarse como María quería. No perdió la oportunidad de atender la solicitud que le hizo su madre, incluso cuando aclaró que lo que quería que sucediera con respecto a su ministerio debía esperar, su atención especial fue inmediata. Convirtió el agua en vino y suplió la desesperada necesidad que tenían.

De la misma manera, Él también sabe cuándo sientes que tu fe ha muerto. Si lees el capítulo 11 de Juan; allí encontrarás la historia de la muerte de Lázaro. Esta muerte debe haber sido una de las pruebas más fuertes para María y Marta, sus hermanas. Recuerde que probablemente fue el apoyo financiero de esa casa. No solo se desarrolló en ellas la tristeza de haberlo perdido, sino que también entendieron que las cosas iban a cambiar para ellas. Hay momentos en nuestra vida que pueden hacernos sentir que todo ha terminado. Situaciones que nos han llevado a creer, que todo está perdido. Esto es probablemente lo que pensaban Marta y María.

Pero no debemos olvidar que, incluso cuando no hay una oportunidad mínima o remota, Dios si puede moverse en tu situación, la vida y nuestra esperanza, se restaura y la oportunidad se renueva. Lázaro estaba muerto, pero Jesús es el dador de la vida. El cuerpo de Lázaro hedía a muerte. Jesús muestra que la muerte puede ser un momento de glorificar y convertirse en un olor agradable para su gloria. La esperanza de un mañana mejor puede ser lo único que parece lógico, pero Dios es el Dios del imposible que enfrentamos hoy. Él se glorifica a sí mismo en nuestro imposible.

Otra historia que enseña la forma en que nuestro Dios nos ama y tiene cuidado de nosotros, la encontramos en el capítulo 20 de Juan, versículos 11 en adelante. En ella encontramos a María en la entrada de la tumba donde habían colocado a Jesús. Relata que la tristeza había invadido su alma, y no solo lloraba; sino también toda esperanza había desaparecido. Me encanta la forma en que la versión Reina

Valera detalla la historia, porque nos enseña que mientras se inclina e intenta ver dentro de la tumba, los ángeles la sorprenden y le preguntan: "Mujer, ¿por qué lloras?".

Ella estaba buscando que sucediera algo. Allí, inclinándose, oye su nombre María; en la forma más dulce, la voz del salvador! Maria no estaba sola Quizás te sientas decepcionado; por aquellos que se supone que deben estar a su lado para apoyarlo, guiarlo y consolarlo. Si en lugar de ser reconocido por su trabajo; sientes que eres una carga Si te sientes abrumado por todo el trabajo que estás llamado a hacer. Si te sientes abandonado, por aquellos que prometieron estar siempre a tu lado? Si te sientes sola, llevando la carga de criar a sus hijos. Si se siente sin la dirección espiritual de aquellos que supuestamente están llamados a guiarte, solo quiero recordarle que el Salmo 146 nos recuerda que "El huérfano y la viuda encuentran apoyo en él".

Quizás a tu lado haya alguien físicamente en quien hayas depositado la esperanza de un mejor mañana; y ahora te sientes decepcionado, deprimido y sin salida. El hombre físico puede decepcionarte; pero Dios siempre te cuidará, Él suplirá y aliviará tu situación. Solo confía en Dios. Recuerde lo que dice en Eclesiastés capítulo 5 versículos 8. Dios está vigilando sobre aquellos, llamados a amarte, protegerte, guiarte y enseñarte. Tal vez puedan fallar en lo que les ha confiado que hagan, pero Dios no te fallará. ¿Podrías preguntarte qué hacer mientras el abandono, el descuido y la falta de amor son parte de mi vida diaria?

No puedo enfatizar lo suficiente la importancia de mantener su relación con Dios activa y constante. De la misma manera, tendrá que comprender que no importa cuán perdido se sienta, o sienta que su familia está, debe confiar en Dios. Tendrás que cuidar no solo de mantenerte sometido a la dirección del Espíritu Santo, tendrás que tener mucho cuidado de no ser arrestado por el espíritu de Safira.

Encontramos este espíritu detallado en el libro de Hechos capítulo 5 versículo s11. Allí encontramos que Safira es arrastrada por un espíritu de mentiras, encubrimiento y avaricia. A sabiendas, su esposo había mentido a los apóstoles cuando se trataba de revelar las ganancias obtenidas en una venta. Pedro, usado por Dios le dio la oportunidad de decir la verdad, pero ella continuó mintiendo, y finalmente muere como castigo por aceptar mentirle al Espíritu Santo.

Sabes que tu relación con Dios debe ocupar el primer lugar. Mantener esta relación en un estado saludable garantizará que tendrá la dirección correcta para su vida. Tienes la oportunidad de convertirte en la sacerdotisa de tu hogar en el ámbito espiritual. Tenga cuidado de no desesperarse, y dejar que la ansiedad y la sensación de fracaso ocupan su mente. Entrarás en una de las batallas mentales más difíciles que jamás hayas peleado. Pero tranquila; la victoria ya ha sido adquirida! solo tendrá que pasar por el proceso para poder verlo con sus propios ojos.

También tendrá que equiparse con versos bíblicos que te recuerden en todo momento la fidelidad de Dios. Y con toda la vestimenta espiritual; entrarás en la batalla. No descuides una comunicación constante con tu redentor, incluso mantén la guardia alta siempre, en el área de la oración y el ayuno. Notarás que una invasión de pensamientos contrarios se convertirá en parte de tu vida diaria.

Necesitas luchar contra ellos con seguridad en la palabra de Dios. No puedes imaginar cuánto territorio espiritual ganas, cuando no te colocas en esos pensamientos negativos y te concentras en lo que Dios ha dicho. Acabarás con la alegría del enemigo; y le darás depresión masiva. Haga de esta estrategia parte de su vida diaria. Recuerda todo esto, mientras permaneces alerta al menor indicio del ataque del enemigo. Prepárate con al menos, 2 versos al día. Léelos, repítalos, recuérdate que quién lo prometió si es fiel. Adelante, dale al enemigo una migraña. El odia la palabra de Dios, porque sabe que conlleva su caída. Lee la palabra, piensa la palabra y confía en la palabra. Repite de nuevo.

UNA DE LAS ÁREAS MÁS DIFÍCILES DE SUPERAR
será mantener tu confianza en Dios y no en lo que te rodea.
Es muy fácil sucumbir a la duda. ¿Recuerdas a Pedro cuando
dejó de mirar a Jesús y se hundió en las aguas? En nuestro
viaje espiritual, siempre nos enfrentamos a esta situación.
No serás el primero, ni serás el último, procura no perder
el enfoque en lo que es importante. Recuerde también que
Jesús no despidió a Pedro por haber sucumbido al miedo
y al error. Simplemente le recordó que nuestra fe debe ser
estable.

Siempre habrá un equipo que tome el asiento del juez y
quiera juzgar tu comportamiento. Algunos usarán críticas
constructivas para mostrar lo que se ve desde fuera de la
situación. Otros serán severos al darte la crítica más dura
(no constructiva) sin preocuparse por los daños que puedan
ocurrir. Tendrás que tomar el control de ambos. Evite dar
lugar al orgullo cuando se exponga a una buena revisión
y asegúrese y controle la sensación de autosuficiencia. Por
otro lado, no caigas prisionero de sentir pena por ti. Ambas
áreas pueden ser muy perjudiciales para su crecimiento.

Safira se dejó llevar por los ideales de su esposo, sin detenerse a pensar, que lo que él propuso no era necesario; nadie les exigía que dieran nada; simplemente siguieron lo que todos los demás estaban haciendo. La única diferencia era que su donación no venía del corazón. Su error fue dejar que los ideales de su esposo superaran los suyos. Sus costumbres y valores sucumbieron a los de su esposo. Constantemente tenemos que recordar que somos agentes independientes que tendremos que rendir cuentas a nuestro Dios en algún momento.

Recuerda que la salvación es individual, incluso si tu esposo está en cumbre con Dios, él no puede salvarte. Él puede guiarte solo, si está sincronizado, con lo que Dios lo ha llamado a hacer; como el jefe de familia. Incluso cuando el esposo de Safira era el jefe de la familia; el deber de ella era examinar si las decisiones de su esposo coincidían con las de Dios. También notamos la infinita misericordia de Dios para el ser humano, ya que nos dice en los versículos 8 al 9 que Pedro le preguntó sobre la venta. Como si Dios quisiera darle una segunda oportunidad de arrepentimiento.

Si en ese momento Safira hubiera examinado su relación con Dios en la esfera personal, podría haber sentido que el Espíritu la estaba redirigiendo. Pero parece haberse concentrado tanto en la idea de su esposo, que sucumbió completamente en unión con él. Y vemos que inmediatamente el juicio de Dios no se hizo esperar. En el mismo lugar donde su marido sucumbió, ella murió igual que él. Su acción declaró que su sumisión a su esposo era mayor que eso a Dios. Recuerde mantener siempre el núcleo de su hogar lo más espiritual posible. No solo te beneficiarás, sino a tus hijos; y tal vez tendras convertirte en la sacerdotisa de tu hogar, sin perder el respeto y la admiración por tu esposo. Por lo general, si solo atraviesa un momento de baja espiritual; se le alentará a centrarse en el Señor. También tendrás al menos paz sabiendo que intentaste ayudarlo. Rodeado de oración, ayuno e intercesión, puede levantarse de su descuido.

IGUALMENTE RODÉATE DE UNA ATMÓSFERA DE
gloria, ora, recuerda cuán fiel ha sido Dios; en todo su viaje
contigo. Lee su palabra y deja que la vida en ella restaure
todas las áreas de tu vida. Deja que te quite el dolor y las
heridas que puedan estar en tu corazón. Permita que su
presencia le enseñe a perdonar, y no guarde rencor. Que
la voluntad que Él ha determinado para ti brille con su luz
admirable.

Date la oportunidad de vivir, primero para Dios, luego
para ti y luego para los tuyos. Dibuja un plan buscando
completamente la voluntad de Dios. Y nunca olvides que
él, que te llamó, no era hombre, sino Dios, y solo Él tiene el
primer lugar. Desarrolle la disciplina de consultar con Dios
todas las situaciones antes de con el hombre. Concéntrese en
su palabra y su voluntad. No hay nada en la vida que pueda
superar su amor por ti. No hay hombre que pueda amar
como Dios te ama. No hay nada mejor que su presencia.

Dese la oportunidad de comprender que hay tanto que
puede hacer para el beneficio espiritual de sus hijos y su

familia. Si tiene hijos; probablemente estará de acuerdo en que ellos de igual manera necesitan la guía espiritual de alguien. Solo Dios puede proporcionarle la seguridad de que estarán bien. Pero esto llega cuando despliegas ante ellos la disciplina de la constancia. Hemos escuchado la declaración de que solo hay 2 tipos de cristianos: los que obedecen a Dios y los que no, y esto es de alguna manera cierto; Sin embargo, me gustaría detallar algunos hechos que podrían ampliar esos 2 a 3.

También le recordaré que cuando hablamos sobre tipos de cristianos, nos referimos a los cristianos de base bíblica, porque los requisitos bíblicos siempre serán los mismos. Sin embargo, en el libro de Apocalipsis cuando Juan recibe la revelación de la carta a Laodicea en el capítulo 3, versículos 14 al 22, hay una alerta y advertencia. Dado que hay una advertencia, tendremos que estudiar el problema para evitar caer preso de él. Allí en el versículo 16 detalla que hay algunos cristianos; que caerán en un síndrome de balancín cuando se trata de servir a Dios. Eso los colocará en una relación algo inestable; a veces comprometido con Dios, y otros indiferentes a él.

Los cristianos tibios eventualmente tendrán que enfrentar su falta de interés en su relación con Dios. Allí también enseña cómo se siente Dios acerca de ese de relación. Produce en Dios cierta nausea. Detallados, tendremos los comprometidos, los a veces comprometidos y los nunca comprometidos. Ahora veamos un ejemplo de esto. Creo que podemos encontrar un ejemplo de estas 3 fases, en la vida de Pedro.

La Viuda y sus Hijos

Como sabemos que Pedro fue parte del círculo interno de Jesús, pero fue alertado de que Satanás lo iba a zarandear, pero parece que realmente a pesar de ser alertado por Jesús; esto no le preocupo. Podríamos decir que su pasión era baja en ese punto. Por ende lo vemos tan apasionado que Jesús lo incluyó en su círculo íntimo en un momento. En otra ocasión descuidado con la señal de advertencia que se le dio. Y luego después de ver todas las maravillas que vio mientras estaba con Jesús, ¡cuando Jesús es crucificado, Pedro vuelve a pescar! Parecía que todo lo que había aprendido se había espumado de su mente y su espíritu.

De un extremo al otro, entonces cuando estudiamos nuestra vida espiritual y la de nuestros hijos; Siempre debemos tener en cuenta que están expuestos como nosotros a la guerra espiritual y que también tendrán altas y bajas. Mas es de suma importancia no ser preso de la tibies espiritual. Incluso cuando no tengas la ayuda de tu cónyuge con la intercesión para ellos; no te preocupes! Dios te tiene a ti, a tus hijos y a tu familia en la palma de su mano.

Recuerda que Jesús nos enseña la necesidad de orar sin cesar. Encontramos esta enseñanza en Lucas capítulo 18 versículos 1 al 8. Allí se nos presenta una viuda que clama al rey para recibir justicia, debido a la opresión de su adversario. Pero si hay un detalle de suma importancia a lo largo de esta lección; es que Jesús detalla que lo que debemos pedir; Es el Espíritu Santo. Por lo tanto, pídele diariamente en oración que tanto tú como tu familia reciban esa preciosa presencia. Y como mujer guerrera de Dios que eres, nunca olvides interceder por tu esposo de una manera muy especial.

También hay un llamado que Dios hizo sobre tu vida que debes cuidar de completar. No dejes que tu pasado, destruya tu futuro. Todavía tienes la oportunidad de aprovechar y completar tus sueños. El llamado de Dios aún no ha expirado. Emprende o haz lo que una vez empezaste; y no te dejes engañar por ideales demasiado viejos o inadecuados. Si fuiste llamada a pastorear, pastorea. Si te llamaron para enseñar, enseña. Si te llamaron a cantar, canta. Si te llamaron para servir, sirve.

SI CREES QUE ESTÁS DESTRUIDA PARA DIOS USARTE, quiero compartir contigo esta enseñanza, que Él me enseno cuando estaba confrontando una de las guerras espirituales más fuerte que he enfrentado en mi vida. Fue un día que mi copa se había desbordado. Recuerdo que estaba tan enojada y llena de odio que le recordé los peores pensamientos e ideas que se me habían ocurrido. Esto es yo hablando con el Señor. Qué injusta había sido la vida desde el principio. Le dije una y otra vez que no podía sentir comprensión por quienes me habían lastimado, de manera tan personal.

Lloré mucho ese día, y tenía una tarea en mente para ese día; demostrarle a Dios que cometió un error al querer que yo dejare todo, en sus manos. Después de todo, uno mira a aquellos que te han herido y lastimado, y ellos siguen viviendo como si nada han hecho. También pensé que cargaba con la capacidad para poder lastimar a otros de la misma manera que me habían lastimado a mí. Por lo tanto pensaba yo; Dios no puede usar a una persona como yo. Pero Dios en cambio, después de que lloré todas mis lágrimas, me dijo toma esa muñeca que ves allí; Quiero que la tires al suelo. Lo hice y cayó sobre su rostro, entonces Él dijo que la recogiera de nuevo; y la tirara de nuevo, lo cual hice; Esta vez cayó sobre su espalda.

Entonces me dice; Estas son las dos únicas formas en que una persona puede caerse, porque el peso superará a cualquier otra posición. Si cae sobre su cabeza, el peso lo colocará sobre su espalda o frente. Me senté allí tratando de actuar de manera inteligente y hacer creer que entendí, pero después de un tiempo, pregunté qué significa eso. Su respuesta fue clara y sin titubeos al decir, tú piensas que por tu corazón estar tan lleno de ira: y odio que yo no te puedo usar?

Luego dijo: si caes rostro en tierra, esa es la posición de postración, lo que implica si lo reconoces o no; reverencia al que está arriba. Por otro lado si te caes de espaldas; pregúntate; ¿hacia dónde está tu atención? ¿Quién está en tu norte? Cuando caes y te colocas en una atmósfera caída. Tu lugar caído no está fuera de mi control. No puede ubicarte en un estado, en el que no pueda entender tu necesidad de mí. Así que confía en que en cualquier situación que puedas enfrentar, todavía continuas en sus manos.

PUEDE QUE NO SEPA QUIÉN ERES; O POR LO QUE estás pasando. Pero mi único propósito es alentarlo a examinar su situación actual y luego reenfocarse en volverse completo en Dios. No te has colocado en un lugar desde donde Dios pueda alcanzarte. No me importa dónde estés o con quién estés. Levántate, levántate, levántate, y vuelve a enfocar y recarga. Hay muchas cosas que Dios tiene reservadas para ti. Él está ofreciendo su mano amorosa; Ora, busca y recibe. Él te asegura que no está enojado ni molesto contigo. Él te está recordando que independientemente de tu pasado. Él tiene un gran futuro para ti. Él te mostrará que su amor te alcanzará sin importar en qué condición te encuentres. Él quiere curarte. Él solo espera que te atrevas, para poder mostrarte Su Gloria. Mujer tu guiador, tu defensor, tu proveedor, tu todo es Dios. Él tiene cuidado de ti y tu familia. Él te ama y no te va a fallar. Él es fiel

Epílogo

MUCHO MÁS QUE LA REALIZACIÓN DE LO QUE Dios me había llamado a hacer, es el deseo de ayudar a los necesitados. He aprendido que muchas veces Dios usa las pequeñas cosas de la vida para enseñarnos grandes lecciones. Y que, en la mayoría de los casos, usa cosas cotidianas comunes para recordarnos que está más cerca de lo que a veces entendemos. Que esta lectura sirva de recordatorio para todos los necesitados; que Él sabe de nuestro dolor. Él sabe de nuestro sufrir; y todavía está en control.

Que a veces se sentirá insoportable, y a veces se sentirá fuera de control. Que a veces llegaremos a una intersección, por lo que sabemos, no hay forma correcta de girar; tranquilo que él está quieto y en control. Notaras en las pequeñas cosas que alguien dijo, o algo que leemos, o tal vez, algo que vemos; sirve como recordatorio de que hay un Dios; que nos cuida y controla todo. Nada lo supera, nada lo sorprende. Recuerde que nuestras luchas, en algún momento es el camino, que nos acerca a Él.